AF341887

QUE VEUT

L'AUTRICHE ?

PARIS

E. DENTU, LIBRAIRE-ÉDITEUR

GALERIE D'ORLÉANS, 13, PALAIS-ROYAL

—

1859

QUE VEUT L'AUTRICHE ?

Quousque tandem ?...

L'Autriche veut la guerre. Ses levées en masse, ses libelles, ses emprunts, ses agitations civiles et militaires, l'ont annoncé depuis longtemps. La raison se refusait à le croire ; mais les faits parlent : il faut se rendre à leur évidence.

Les leçons cruelles de l'expérience ont donc été perdues pour elle ! Et quelles sont les plaintes qu'elle peut former ? A-t-on opposé à des hostilités presque évidentes, à des affronts particuliers, d'autres armes que des remontrances ? Lorsque les armements extraordinaires de l'Autriche pouvaient déjà, sinon inspirer des craintes, au moins donner des soupçons et justifier des demandes, alors le cabinet des Tuileries se contenta d'éclaircissements vagues. Il ne crut peut-être pas à leur sincérité, mais il feignit d'y croire. Six mois de retard multipliaient les sacrifices et les dangers. La France aima mieux voir éclater la mauvaise foi d'un ennemi secret que de rendre sa propre modération douteuse.

Si c'est une vérité triste en morale, de dire que les bienfaits font souvent des ingrats, que l'ingratitude enfante la haine, et qu'on pardonne rarement à ceux qu'on a volontairement offensés, cette vérité est plus évidente en politique, appliquée à la conduite du cabinet de Vienne.

Où trouvera-t-on l'explication de ces folles illusions toujours trompées, de l'oubli continuel de son propre intérêt, de cette conspiration permanente contre le repos et la prospérité de la France, sinon dans cet esprit héréditaire dans la maison d'Autriche, esprit qui l'a fait figurer au premier rang de nos ennemis dans presque toutes les guerres que nous avons eues à soutenir; esprit qui dictait le démembrement de la monarchie française, lors même qu'une sœur de l'empereur autrichien en partageait encore le trône. Trois fois le sort de la maison de Lorraine fut dans les mains de Napoléon, trois fois elle sortit de ses ruines, trois fois elle fut sauvée de sa propre fureur. Il est bien triste de penser que la force soit la seule garantie des traités; que le vainqueur n'ait point de ménagements à garder avec le vaincu. Mais la conduite du cabinet de Vienne a prouvé cette vérité désolante, et l'humanité peut accuser la modération française de toutes les guerres qu'elle a laissé les moyens de renouveler.

Si nous déroulions ici le tableau sanglant des calamités et des sacrifices que la haine de l'Autriche a fait ou voulait faire subir à la France, peut-être trouverait-on que la chute seule de la maison de Lorraine pouvait satisfaire aux mânes de tant de milliers de Français victimes de ses fureurs. Mais cette humeur nationale, que l'orgueil étranger appelle *légèreté*, aimable attribut d'un caractère généreux, a laissé loin derrière nous les souvenirs douloureux. A peine la France se souvient-elle aujourd'hui de leurs projets de partage, de leurs sanglantes injures, de leurs froides cruautés. Il semble qu'un siècle de bons procédés ait fait excuser cette longue suite d'iniquités. Mais l'année qui vient de finir a mis à nu l'ingratitude de ce cabinet, auquel on s'est efforcé de supposer de la bonne foi, quoiqu'on ait eu quelque rai-n d'en douter.

erait ici le cas d'entrer dans le détail des petites qui purent altérer de jour en jour l'harmonie, de comment les améliorations dans la constitution

des États voisins firent trembler les membres de la noblesse;
comment de petites passions et des ressentiments du passé
furent soigneusement excités, entretenus et fortifiés. Mais
une politique sage et clairvoyante dédaigna ces manœuvres
obscures et maladroites; le désir de la paix, l'espérance de
ramener l'Autriche à son intérêt réel, donnèrent une
patience qu'elle dut peut-être prendre pour de la crainte.
Le cabinet autrichien avait coloré ses premiers armements
extraordinaires du prétexte d'assurer son indépendance.
Tout à coup il prit envers la France un caractère hostile
et insultant. Il songea à conquérir les alliés de la France;
les salons de Vienne furent convertis en clubs, les journaux en libelles, échos des calomnies les plus grossières;
et après tant de licence, d'oubli de soi-même et d'indigni-
tés, la cour de Vienne osa se plaindre des réflexions de
quelques écrivains allemands sur l'imprudence de sa conduite et les conséquences de sa perfidie ! De tous côtés elle
cherchait à éveiller des passions contre la France ; elle prê-
chait une croisade universelle : et après six mois de préparatifs, dont la destination était connue de l'Europe entière,
elle accuse d'agression la puissance qu'elle oblige de rappeler ses troupes de six cents lieues, pour châtier cette arro-
gante perfidie !

En voilà trop pour prouver sur qui doit tomber l'horreur
de cette nouvelle guerre. La bonne foi de l'Autriche est
jugée : voyons rapidement ce qu'il faut penser de ses ressources et de ses espérances.

Ses moyens sont de deux espèces : ceux qu'elle peut espérer du secours de ses alliés, ceux qu'elle trouve dans
elle-même.

Les politiques de Londres, si habiles à tromper leurs lec-
teurs, à se tromper eux-mêmes sur ce qui flatte leurs passions, ne peuvent cependant s'empêcher de reconnaître la
Russie comme étant intimement liée à la cause de la France.
L'Autriche, elle-même, paraît avoir compté sur l'inimitié

de la Russie, par la conduite imprudente qu'elle vient de tenir dans les affaires de Turquie. Ainsi, dans une contestation où ce serait trop de la France ou de la Russie pour l'écraser, voyons comment l'Autriche a conçu cette nouvelle coalition, sur quels secours elle a compté, et dans quels alliés elle a mis ses espérances.

Est-ce l'Angleterre, la Turquie, la cour de Palerme? Mais, à l'inspection d'une carte de l'Europe, les plus ignorants politiques de Vienne devraient juger d'avance de l'esprit de vertige et de l'ineptie grossière qui a combiné ce nouveau plan. Aucun de ces alliés n'est en état de porter des secours à l'Autriche.

L'Angleterre a déjà trop d'intérêts à défendre. L'embarras de son commerce la mettra bientôt à portée de donner quelques matelots de plus à sa marine militaire; mais elle a de vastes colonies à entretenir. Elle aura bientôt à se sauver elle-même. D'ailleurs, fallût-il démontrer physiquement l'inutilité de cette alliance, il suffirait de voir la position des deux alliés. L'Angleterre ne peut faire arriver ses secours que par Trieste : ils devront traverser la Manche, la mer d'Espagne, la Méditerranée et l'Adriatique, sur des transports ou des vaisseaux de ligne. L'un et l'autre sont ridicules à supposer sur un point occupé des deux côtés par les Français ou leurs alliés. Le cabinet anglais risque bien des folies, mais non pas de cette espèce. Voilà donc l'utilité de l'alliance anglaise réduite à zéro.

Nous arrivons à la Turquie; car on nous pardonnera bien d'oublier la cour de Palerme. C'est ici que le discernement des membres du cabinet autrichien va paraître dans tout son jour. Quelle tête a pu concevoir l'extravagante idée de chercher un secours là où il n'y avait que des ennemis à se faire et des désastres à recueillir! Déjà la guerre de Servie, déjà le sort incertain de la Valachie et de la Moldavie étaient un puissant sujet d'inquiétude. Rien n'était plus avantageux pour l'Autriche que d'avoir derrière elle une puissance inerte, incapable de l'inquiéter désormais, et dont le voisinage et l'amitié pouvaient fournir des ressources immenses à son commerce et à son industrie ; mais elle vient de faire tout ce qu'il fallait pour détruire cette barrière. Dès que les Ottomans sortent du système de la confédération continentale, ils sont en guerre avec ses membres. « Mais, dira-t-on, l'Autriche a compté que les Ottomans suffiraient pour occuper la Russie. » Plaisante ressource, en effet, contre un tel ennemi ! Puissance bien redoutable que celle qui n'existe que par la volonté des amis qu'elle conservait, qui a la gangrène dans son sein et la destruction à sa porte ! Belle ressource pour l'Autriche qu'un allié dont la ruine met dans deux mois les Russes sur sa frontière orientale !

Ainsi l'Autriche n'a point de secours à prétendre ; ainsi la sagesse de son cabinet a tout fait pour resserrer les liens qui unissaient la Russie à la France, et pour consolider dans le jeune prince qui préside aux destinées du Nord, les engagements qu'il a contractés pour la gloire et la prospérité des deux empires ; ainsi elle s'avance seule et sans espérance de secours, ouverte de tous côtés, contre l'ennemi qui l'a vaincue lorsqu'elle avait les secours de plusieurs puissances et la neutralité du reste de l'Europe. Quels sont donc les moyens nouveaux qui lui donnent l'audace inattendue d'engager une lutte si disproportionnée ? Sont-ce des levées en masse, des paysans entraînés par la force, de jeunes étourdis enrégimentés par la folie ? Mais n'a-t-on pas fait la triste expérience de ces ressources ? Ce n'est point avec des libelles, avec des bravades de salons qu'on gagne des batailles.

L'Autriche ne peut donc compter raisonnablement que sur ses troupes régulières. Elles sont nombreuses, il est vrai ; une modération trop longue a laissé toute liberté de les augmenter et de les exercer : mais peut-être seront-elles moins redoutables sur le champ de bataille que sous la plume des gazetiers de Presbourg et de Londres. Les arsenaux ont été remplis ; les régiments ont été complétés : mais les provinces sont épuisées ; et cet immense amas de provisions et d'armements n'est peut-être qu'une plus belle proie offerte au courage de leurs adversaires. Les soldats autrichiens sont braves, sans doute ; mais on verra s'ils tiendront longtemps contre les guerriers vieillis dans l'habitude de les vaincre, et qui connaissent si bien le chemin qui mène au siége de la monarchie ; on verra si leurs généraux ont autant de talents qu'ils affectent d'ardeur militaire.

Voilà ce qui se publiait sous le même titre, il y a cinquante ans. Les fragments qui précèdent sont, en effet, datés du 13 avril 1809, la veille de la campagne de Wagram. Et pourtant on les dirait écrits d'hier. C'est qu'avec l'Autriche, c'est toujours la même chose. Avec elle, d'année en année, les situations se reproduisent identiques. Ne la voit-on pas aujourd'hui encore, sans autre règle que son appétit de domination, sans autre guide que l'occasion, menacer un allié de la France, déclarant qu'elle n'a contre la France aucun grief particulier, mais cherchant à soulever partout les passions contre elle et précipiter ses armements, tout en protestant de son amour de la paix. C'est toujours la même duplicité, le même esprit d'agression, le même système de calomnies ; mais, il faut bien l'espérer, elle rencontrera cette fois aussi le même isolement et la même défaite.

Le comte de Buol, dans la dépêche confidentielle qu'il a adressée, sous la date du 5 février, aux représentants de l'Autriche près les cours confédérées d'Allemagne, a parlé « de l'inquiétude sérieuse qui pèse sur la situation politique de l'Europe depuis le commencement de cette année. » Il s'est permis d'ajouter « qu'à la surprise des gouvernements et des peuples qui désirent la paix, la confiance générale dans l'avenir s'est trouvée ébranlée d'une manière regrettable, et qu'il n'existe entre les puissances aucun différend qui puisse expliquer cet ébranlement. » — C'est-à-dire que le premier ministre d'Autriche voudrait rendre l'Empereur des Français seul responsable de la crise actuelle. Mais à quel homme raisonnable fera-t-on croire qu'il en soit ainsi. Les paroles de Napoléon III à M. Hubner le 1er janvier 1859 ont signalé un danger, mais ne l'ont pas créé. Ce qui irrite le cabinet de Vienne, c'est qu'elles ont déchiré le voile qui couvrait ses intrigues, ainsi que l'avait fait Napoléon Ier, lorsqu'au commencement de l'année 1809, à la réception du corps diplomatique, justement indigné des menées autrichiennes, il interpella M. de Metternich en ces termes : « Eh bien ! qu'est-ce que cela signifie ? est-on piqué de la tarentule à Vienne ? qui est-ce qui vous menace ? à qui en voulez-vous ? voulez-vous mettre le monde en combustion ? Que va-t-il résulter de cela ? c'est que je vais armer, puisque vous armez ; car enfin je suis payé pour être prudent. J'ai toujours été dupe dans toutes mes transactions avec votre cour ; il faut parler net ; elle fait trop de bruit pour la continuation de la paix et trop peu pour la guerre. » M. de Metternich protestait que sa cour prenait de simples précautions, mais que cela ne couvrait aucun autre projet. On ne tarda pas à voir le degré de confiance que de telles déclarations méritaient.

Dans ses conversations avec le ministre Champagny, M. de Metternich se plaignait que l'empereur François n'eût pas été admis à l'entrevue d'Erfurth, et il se livrait à d'autres récriminations puériles, par exemple, que personnellement il n'était plus si bien traité aux Tuileries, que même Napoléon ne lui parlait plus, ce qui lui attira la réponse suivante : « C'est parce que vous avez perdu auprès de lui par des promesses trompeuses, le crédit qu'on accorde au titre d'ambassadeur. » — Il est vrai que l'empereur

François-Joseph n'a pas assisté à l'entrevue de Stuttgardt, qui eut lieu entre les deux empereurs de France et de Russie, et que l'ambassadeur d'Autriche à Paris, a été plus d'une fois traité avec froideur. Mais la réserve de la France était commandée par la conduite de l'Autriche.

Une chose dont l'histoire aura droit de s'étonner, c'est la patience que l'Empereur Napoléon III a montrée vis-à-vis de l'Autriche, son long oubli du mal qu'elle a fait à la France et aux Napoléons, comme si en voyant un jeune homme de dix-huit ans appelé à la couronne d'Autriche, l'Élu du 10 Décembre avait cru à la possibilité du rajeunissement de cette vieille dynastie. Il faut convenir qu'à cette époque un signe de la République Française et de son Président eût suffi pour faire crouler à jamais la monarchie autrichienne, et l'empereur de Russie n'aurait pas eu la peine de la sauver l'année suivante. L'Autriche resta dans l'ornière boueuse et sanglante de Metternich. Elle ne perdit rien de son machiavélisme. En laissant croire à l'empereur de Russie qu'il pouvait compter sur elle, elle l'enhardit dans sa résistance aux justes demandes de la France et de l'Angleterre et contribua à le lancer dans la guerre d'Orient. Puis elle prolongea cette lutte par sa neutralité ambiguë, s'applaudissant de voir durer le plus possible une guerre, localisée loin d'elle, qui ne lui coûtait rien, et qui lui semblait devoir affaiblir de grandes puissances, ses rivales. Et d'autre part, elle employa toute la perfidie de sa diplomatie à en annuler les résultats. C'est ainsi qu'on la vit, abusant de la lassitude des cabinets, s'efforcer au Congrès de Paris de rendre à peu près illusoires les garanties déjà bien faibles qu'elle avait fait adopter en qualité de puissance médiatrice, comme bases de pacification par la conférence de Vienne; puis, la paix une fois faite, entraver l'exécution de chaque article du traité pour qu'il restât lettre-morte; et, mettant en oubli les protocoles de Paris, faire que le Pape fût plus sourd que le Sultan à la voix de l'Europe qui depuis des années demande au Saint-Siége les réformes les plus sages sans pouvoir même en obtenir la promesse. Et lorsque S. M. l'empereur Napoléon, fatigué des difficultés incessantes que lui créait l'astuce d'un cabinet qui, confondant les époques, méconnaissant de quel poids la France pèse aujourd'hui dans le monde, osait mettre à tout son *veto*, a exprimé à M. Hübner le regret d'un tel état de choses, alors l'Autriche aussitôt cria à la provocation.

C'est le 1er janvier qu'avaient été prononcées les paroles de l'Empereur, et, dès le 3, un nouveau corps d'armée fut précipitamment envoyé en Italie. La *Gazette de Vienne*, journal officiel, fit remarquer la rapidité avec laquelle on avait pu lancer, comme une flèche, un corps vers le Sud-Ouest : en moins de soixante-dix heures, ce corps avait franchi la distance de Vienne à Milan. La *Correspondance autrichienne* annonçait « que cette mesure, que S. M. I. et R. Apostolique avait daigné ordonner, n'avait d'autre but que de rassurer complétement les habitants paisibles du royaume lombardo-vénitien contre toute tentative de troubles de la part d'un parti capable des plus grandes folles et des plus grands crimes. » La *Gazette autrichienne* ajoutait : « Là où la clémence est regardée comme une faiblesse qui provoque l'émeute, il est temps de porter haut le glaive de la justice. Le brouillon doit être châtié, le criminel doit être jugé. Celui qui lève la main contre l'autorité doit être écrasé. La sévérité prompte et inexorable est seule utile; elle prévient la séduction, la contagion, les complots. L'Italie a besoin d'être traitée avec une juste rigueur. Nous n'avons pas à rechercher les sympathies des Lombards, mais à nous assurer de leur obéissance. On respectera l'Autriche dès qu'on la craindra de cette crainte salutaire qui est l'égide des bons et la terreur des méchants. » C'est ainsi que, chaque fois qu'on fait des représentations à l'Autriche, elle n'y répond que par un redoublement de terreur.

Le 10 janvier, à l'ouverture des chambres piémontaises, le roi Victor-Emmanuel terminait ainsi son discours : « L'horizon au milieu duquel se lève la nouvelle année n'est pas parfaitement serein... Forts de l'expérience du passé, marchons résolûment au-devant des éventualités de l'avenir. Cet avenir sera prospère, notre politique reposant sur la justice, sur l'amour de la liberté et de la patrie. Notre pays, petit par son territoire, a grandi en crédit dans les conseils de l'Europe, parce qu'il est grand par les idées qu'il représente, par les sympathies qu'il inspire. Une telle situation n'est pas exempte de dangers ; car, si nous respectons les traités, d'autre part nous ne sommes pas insensibles au cri de douleur qui, de tant de parties de l'Italie, s'élève vers nous. Forts par la concorde, confiants dans notre bon droit, attendons avec prudence et fermeté les décrets de la divine Providence. » — « Que le Piémont, s'écria-t-on alors à Vienne, attende donc avec prudence et fermeté les décrets de la Providence, mais qu'il prenne garde de forcer l'Autriche à se charger du rôle de la Providence. Radetzki a été autrefois magnanime ; le général qui maintenant entrerait dans Turin pourrait avoir des instructions plus sévères, et nous ne craignons pas d'affirmer qu'en certains cas il y aurait moins loin de Milan à Turin que de Turin à Milan. » Quelques jours auparavant, la *Gazette autrichienne* disait : « L'aigle à deux têtes d'Autriche montre ses serres d'acier, d'abord, à l'ennemi intérieur, et aux petits oiseaux de proie qui voudraient prendre leur essor de l'autre côté du Tessin ; mais il est prêt aussi à fondre sur tout vautour qui oserait s'élever à sa rencontre. »

On se préoccupait de ce que pensait et voulait l'Empereur des Français. Que ferait Napoléon III était la question que chacun se posait en Europe. On essayait de découvrir la pensée impériale dans les journaux semi-officiels, dans les brochures mêmes que l'on supposait écrites sous son inspiration. Enfin arriva le 7 février, jour de l'ouverture de la session législative. L'Empereur, après avoir rappelé combien le Piémont avait été dévoué pendant la guerre, fidèle à la politique française pendant la paix, et dit que l'union de son cousin, le Prince Napoléon, avec la fille du roi Victor-Emmanuel, était la conséquence naturelle de la communauté d'intérêts des deux pays et de l'unité des deux souverains, ajoutait : « Depuis quelque temps, l'état et la situation anormale de l'Italie, où l'ordre ne peut être maintenu que par des troupes étrangères, inquiètent justement la diplomatie. Ce n'est pas, néanmoins, un motif suffisant de croire à la guerre. Que les uns l'appellent de tous leurs vœux, sans raisons légitimes; que les autres, dans leurs craintes exagérées, se plaisent à montrer à la France les dangers d'une nouvelle coalition, je resterai inébranlable dans la voie du droit, de la justice, de l'honneur national, et mon gouvernement ne se laissera ni entraîner ni intimider, parce que ma politique ne sera jamais ni provocatrice ni pusillanime. Loin de nous donc ces fausses alarmes, ces défiances injustes, ces défaillances intéressées. La paix, je l'espère, ne sera point troublée. »

La Gazette de Vienne essaya d'abord de faire voir dans les paroles de l'Empereur les symptômes d'une paix telle qu'on la voulait à Vienne. Toutefois le mot de traités n'avait pas été prononcé. Et c'est ce qui fit dire à un autre organe autrichien, *la Gazette des Postes :* « En somme, nous ne rencontrons, dans ce discours, aucun apaisement pour les appréhensions futures. Si la France trouve la situation de l'Italie anormale, dans le sens du Piémont, les traités sont remis en question et l'épée de Damoclès reste suspendue sur la paix de l'Europe. » D'autre part la déclaration que la politique du gouvernement français ne serait point pusillanime fut regardée par le cabinet de Vienne comme une menace, car ce cabinet a contracté la douce habitude de ne jamais céder en rien à la raison ; dès qu'on ne manifeste pas la volonté de s'en tenir uniquement aux négociations, il y voit à l'instant une presque certitude de guerre. On lisait au même moment dans une correspondance de Vienne adressée à la *Bœrsenhalle* de Hambourg, feuille notoirement autrichienne : « On est généralement d'avis, ici, que le discours de l'Empereur Napoléon n'a ni éclairci, ni amélioré la position. Au contraire, on est porté à regretter certaines assurances pacifiques intercalées dans ce discours, parce qu'en évitant de préciser les choses, elles prolongent indéfiniment une situation qui n'est ni la guerre ni la paix, mais dont les suites sont aussi fâcheuses que l'hostilité ouverte. Momentanément, c'est la paix armée que proclame le discours impérial , un état hybride dont les dangers vont tous les jours croissant. Des préparatifs qui se font sous nos yeux, nous pouvons conclure que notre gouvernement a la conscience que cet état-là ne peut durer plus longtemps. Les armements chez nous se poursuivent. »

À la première séance du Corps législatif, son président, M. de Morny, faisait un discours qui fut trouvé en France bien pacifique. Or, voici les réflexions qu'il suggérait en Autriche. *La Gazette de Vienne*, après en avoir cité la dernière phrase : « Notre concours résolu donnera à l'Empereur plus d'autorité pour négocier, comme il lui donnerait au besoin plus de force pour vaincre, » le commentait ainsi : « On voit que dans l'esprit du comte de Morny il ne s'agit que d'une chose, c'est que le système de son maître soit accepté par tous les autres États. S'ils ne l'acceptent pas de bon gré, on le leur imposera par la force. »

Ce qui eût pleinement rassuré l'Autriche, c'est si l'Empereur Napoléon III eût dit comme le roi Louis-Philippe dans ses discours du trône : Les assurances pacifiques que mon gouvernement a reçues des grandes puissances de l'Europe nous donnent la certitude que la paix du monde ne sera point troublée ; et si l'on eût ajouté comme le président du conseil des ministres, Casimir Périer : « Nous ne concédons à aucun peuple le droit de nous forcer à combattre pour sa cause ; le sang et les trésors de la France n'appartiennent qu'à la France. Si nos frontières étaient menacées, nous nous défendrions ; mais nous ne recherchons ni le plaisir de combattre ni la gloire de vaincre. » (Séance du 18 Mars 1831). — L'Autriche eût compris qu'elle pouvait impunément mitrailler les Italiens comme en 1831.

La presse allemande, les hommes d'État allemands et les ministres autrichiens se sont efforcés de soulever contre la France les passions des peuples et des cabinets d'Allemagne, les appelant à « protester énergiquement contre le retour des temps de la confédération du Rhin. » (Circulaire du comte de Buol.)

Aussi, le 2 mars, un rapport fut-il présenté au ministère de Hanovre, au nom des États-Généraux, ainsi conçu : « Les préparatifs de guerre que fait ouvertement et sur une grande échelle un puissant État voisin, dont aucun ennemi extérieur ne songe à menacer ni le territoire ni la puissance, ont dû, par leur caractère provocateur, exciter la vigilance de toutes les nations allemandes ; car personne ne se dissimule que le danger est proche pour le territoire de la Confédération germanique, quand même la guerre qui menace l'Autriche pour le moment devrait, ainsi que l'indiquent les apparences, éclater et se maintenir d'abord sur un territoire situé en dehors de la Confédération. Mais le souvenir des maux indicibles et des dangers que l'étranger a fait subir, dans les dix premières années de ce siècle, à l'Allemagne divisée, est encore trop frais et trop présent à notre mémoire pour que, dans des circonstances semblables, on n'entende pas retentir, d'un bout à l'autre de l'Allemagne, ce cri aussi unanime qu'énergique : L'Allemagne, unie et forte par son union, est prête et résolue à repousser toute attaque directe dirigée contre ses frontières, aussi bien que toute menace, même indirecte, de son territoire, avec toute l'énergie et le dévouement dont elle est capable... En présence de cette grave situation, les deux chambres de l'Assemblée des États-Généraux du royaume ont pris à l'unanimité la résolution suivante : Le gouvernement du roi est invité à provoquer de la part de la Confédération germanique des décrets qui, par leur unanimité et une vigoureuse mise à exécution, soient de nature à détourner tous les dangers qui pourraient menacer l'Allemagne, et, au besoin, nous mettre à même de repousser, avec les forces unies de la Confédération, toute attaque dirigée soit contre l'Autriche seule, soit contre d'autres États allemands. » Une manifestation semblable eut lieu le même jour en Bavière.

C'est ce qui amena l'article du *Moniteur* du 5 mars qui, tout en expliquant comment la gravité de l'état des choses en Italie avait appelé la sollicitude du gouvernement français, en déclarant qu'au reste l'examen de ces questions était entré dans la voie diplomatique, et que rien n'autorisait à croire que l'issue n'en serait pas favorable à la consolidation de la paix publique, disait : « N'est-il pas temps de se demander quand finiront ces vagues et absurdes rumeurs, répandues par la presse d'un bout de l'Europe à l'autre, signalant partout à la crédulité publique l'empereur des Français comme poussant à la guerre, et faisant peser sur lui seul la responsabilité des inquiétudes et des armements de l'Europe ? » — Cet article, qui, par son extrême modération, ne fut pas sans éveiller en France quelques susceptibilités nationales, reçut cette réponse de la *Gazette de Vienne* : « Le *Moniteur* n'avait pas l'intention de faire naître des espérances sérieuses pour le maintien de la paix. Nous n'avons pas trouvé dans l'article du 5 mars un seul mot dans lequel nous ayons pu voir le symptôme d'un retour vers des sentiments plus équitables, d'un retour vers les principes du droit et de la justice... »—« Où sont les paroles, demande le *Moniteur*, où sont les notes diplomatiques, où sont les actes qui impliquent la volonté de provoquer la guerre? » — Nous pourrions répondre à l'organe officiel du gouvernement français en demandant à notre tour s'il a perdu toute conscience et toute mémoire, ou si, dans son orgueil, il croit que le monde doive accepter sans réflexion et en silence tout ce qu'il lui dit... Nous rappellerons la longanimité et la patience avec lesquelles l'Autriche a supporté les longues et incessantes provocations et offenses de son petit voisin. L'attitude de l'Autriche à l'égard du Piémont a été, depuis la bataille de Novare jusqu'à ce moment, une abnégation non interrompue et unique dans les annales politiques. C'était plus, c'était même trop. Car cette abnégation devenait un oubli des devoirs les plus sacrés. Mais qui aurait oublié que la France impériale, au début de la guerre d'Orient, a déclaré qu'elle porterait le drapeau tricolore au pied de l'Apennin, si l'Autriche refusait de s'unir à elle sur le bas Danube? Qui aurait oublié les encouragements que depuis cette déclaration *la cause de l'Italie* a rencontrés dans la presse officielle et semi-officielle de la France impériale? Qui aurait oublié l'appui que les efforts des plénipotentiaires sardes ont trouvé pour cette cause au Congrès de Paris? Qui aurait oublié les paroles par lesquelles le discours du trône flattait, l'an dernier, les espérances des nationalités opprimées? Qui aurait oublié le procès Orsini et la publication du testament de cet assassin? Qui ne se rappelle encore le bruit de guerre que la presse gouvernementale de Paris souleva l'automne dernier pour la cause de l'Italie?.. Qui ne parle encore maintenant des paroles adressées à l'ambassadeur d'Autriche, le jour du nouvel an, aux Tuileries? Qui ne compte les blessures que le discours du trône du 7 février a faites à la fortune privée et publique dans tous les pays?

2

Le *Moniteur* ne vient-il pas de confirmer l'existence d'une alliance entre la France et le Piémont, alliance dont le bruit courait depuis longtemps? L'Empereur, dit le *Moniteur*, a promis au roi de Sardaigne de le protéger contre une agression de l'Autriche. Mais chacun sait quelle large interprétation on entend donner à Paris et à Turin au mot *agression*. — Telle est la réponse du *Moniteur* de Vienne au *Moniteur* de Paris !

On représentait en Europe le gouvernement français comme voulant la guerre à tout prix. Et c'est ce dont on s'efforçait de trouver la confirmation dans la présence du prince Napoléon au ministère et dans son langage. L'Empereur consentit à se séparer momentanément de son cousin, tenant à faciliter autant qu'il était en lui l'aplanissement des difficultés par voie diplomatique. Alors les journaux autrichiens d'écrire : « le prince Napoléon a donné sa démission, c'est bien; mais il faudrait que le comte de Cavour cessât de diriger les affaires de la Sardaigne, » C'est-à-dire que la Sardaigne devrait effacer son régime libéral; quand l'Autriche pourra opprimer les provinces italiennes sans que leurs souffrances trouvent un écho en Piémont, alors tout sera pour le mieux. Et c'est en cela que consiste pour l'Autriche la solution de la question italienne. Le mal n'est point qu'on torture, mais que les cris des victimes soient entendus et qu'on les plaigne. Comme S. M. la reine d'Angleterre, dans son discours au Parlement, avait dit le 3 février : « Maintenir intacte la foi des traités publics, et contribuer autant que mon influence peut s'étendre à la conservation de la paix générale, tels sont les objets de ma constante sollicitude; » et que, le 5 février, le comte de Buol, dans sa circulaire aux agents de l'Autriche en Allemagne, invitait les membres de la Confédération Germanique à « protéger en commun la sainteté des traités, » l'Empereur Napoléon approuva que lord Cowley, ambassadeur d'Angleterre à Paris, allât porter à Vienne des représentations sérieuses dans l'intérêt de la paix en invitant l'Autriche au respect des traités. L'Autriche, en effet, avait grandement accru sa domination en Italie par des conventions particulières et secrètes qu'elle avait ajoutées aux traités. L'Autriche déclara qu'elle ne voulait pas la guerre, qu'elle ne demandait que le *statu quo*, et qu'avant de discuter les modifications à introduire aux traités accessoires il serait opportun que la France reconnût d'abord la légitimité et l'inviolabilité des traités généraux. A quoi la France devait tout naturellement répondre qu'il était pour le moins singulier qu'on crût pouvoir obtenir d'un Napoléon la reconnaissance formelle des traités de 1815 ; que si l'Autriche tenait à ne point les voir violemment déchirés, elle devait commencer par ne point les violer en détail. La mission de lord Cowley échoua devant le mauvais vouloir persistant de la cour de Vienne. On s'était presque formalisé que l'Angleterre envoyât des conseils à l'Autriche au lieu d'une promesse de subsides. Le cabinet des Tuileries sut gré à l'Angleterre de se montrer disposée à s'unir à la France pour protéger la civilisation en Italie comme elle s'était unie à elle pour la protéger en Orient.

Lord Cowley quitta Vienne le 14 mars. La presse viennoise salua ainsi son départ : « Nous sommes enfin cordialement rassasiés de parler diplomatie, transaction, etc., etc. Qu'on en vienne au joyeux métier du soldat, tel est notre désir, telle est notre fervente prière. La perfidie qui existe dans le monde de nos jours ne peut être guérie que par le glaive. Mieux vaut une guerre vigoureuse que cette misérable paix pourrie qui, semblable à un choléra moral, décompose notre sang et empoisonne toute notre vie. On hausse les épaules, mais on ne lit plus les notes françaises ; ou, si on les lit, c'est avec la pitié qu'inspire l'aliénation mentale. L'Autriche a foi en son droit, en sa force avec ou sans alliés, peu importe. Elle n'a que faire d'alliés perfides, et les alliés loyaux, s'il en existe, lui viendront en temps et lieu. Qu'on ne se flatte pas de localiser la guerre : la guerre s'étendra en tous sens : qui pourrait contenir la furie révolutionnaire une fois déchaînée ! » (*L'Ami du Peuple autrichien*).

Sur ces entrefaites, le 24 mars, la Russie proposa « pour empêcher un conflit par un effort suprême, » la convocation d'un Congrès médiateur. Et comme cette proposition était agréée par la France, l'Angleterre et la Prusse, l'Autriche ne pouvait point ne pas y accéder. Mais elle ne cessa un instant d'en retarder, d'en entraver la réunion. Près d'un mois s'est déjà écoulé sans que rien n'ait abouti.

Qu'espérer d'ailleurs que le Congrès puisse obtenir de l'Autriche, alors qu'il inspire à l'Autriche une répugnance qui se traduit par des paroles comme celles-ci : « Quand la Sardaigne aura réellement déposé les armes, alors seulement nous aurons la certitude qu'elle ne vient plus susciter une guerre révolutionnaire et que la France renonce à soutenir une pareille guerre. Alors, mais seulement alors, l'Autriche pourra prendre part au Congrès... La Sardaigne ! Qu'est-ce que la Sardaigne ? Une petite abeille qui, au lieu d'une bourse pleine de miel, porte en ce moment une bourse pleine de fiel. Son aiguillon n'est pas à craindre. Peu importe ce que veut la petite Sardaigne. Il faut qu'elle obéisse. » (*Gazette autrichienne*, 30 mars).

Le même journal disait peu de jours auparavant :

« Nous sommes en état de légitime défense, nous n'avons ni rien exigé ni attaqué personne. Mais on a lancé à nos trousses un bouledogue hargneux, et quoique l'on se tienne en arrière, on oublie que nous ne sommes pas un gibier inoffensif et que nous avons la force de casser les ents à l'aboyeur sarde et aussi à son maître... Il faut avant e la Sardaigne change d'attitude et dépose les ar- faut qu'on ne lui laisse aucune illusion et que l'on coupe sa moustache belliqueuse. On verra alors que la question italienne n'est qu'une question piémontaise. La mascarade qu'on fait à Turin avec des préparatifs militaires et cette jonglerie diplomatique, doivent cesser. » — Il est bon de noter qu'en Autriche rien ne s'imprime que par ordre. Le général Bonaparte disait, en 1797, d'un autre gouvernement despotique : « Dans un État où la liberté de la presse n'est pas permise, dans un gouvernement aussi craint que secrètement abhorré, les imprimeurs n'impriment, les auteurs ne composent que ce que veut le sénat. » Et c'est ce que l'on peut dire aujourd'hui du gouvernement autrichien. Un tel manque de respect de soi-même est un spectacle fort triste. La brutalité de la politique autrichienne, la bassesse de langage de ses organes quotidiens, ces manifestations d'instincts sauvages décèlent une perversité bien grande. Cela dure depuis plusieurs mois. Nous ajouterons que, dans un sentiment de haute modération, le gouvernement de l'Empereur a arrêté à la frontière les attaques les plus violentes dirigées contre la France par les feuilles viennoises. Car autrement nulle puissance au monde n'eût pu retenir les élans de la colère nationale. Il n'eût plus été possible de prononcer le nom de la paix.

« Lorsque les grandes puissances ont constaté solennellement la situation anormale de l'Italie, lorsque l'Italie, même sous le bâillon de la police et sous la pression des armées étrangères, a encore la force d'élever la voix contre le régime autrichien ; lorsque l'Europe entière se préoccupe des souffrances de cette nation malheureuse et des moyens d'y porter remède, comment le cabinet de Vienne ose-t-il soutenir que « la question italienne est un mythe. » A-t-il pensé pouvoir prendre les souverains d'Europe au trébuchet des sophismes de sa chancellerie ? Il est évident que l'état de l'Italie est intolérable, et que le mal vient de l'Autriche : l'Autriche veut-elle y mettre fin ? Loin d'être disposée à des accommodements, elle recule devant toute discussion comme si elle était tellement convaincue du peu de légitimité de ses droits qu'elle craignît de les voir s'évanouir au moindre examen. *Possideo quia possideo*, voilà son seul titre, mais il n'y pas prescription, pas même la prescription la plus courte, car jamais dix années ne se sont écoulées sans que d'éclatantes réclamations ne se soient produites.

Une feuille à la solde du ministère autrichien, le *Journal de Francfort*, disait il y a peu de jours : « En présence d'une telle situation que veut-on exiger de l'Autriche dans un Congrès ? A quoi peut-on raisonnablement se sentir obligé, sinon à lui procurer une satisfaction pour tant d'insultes, de provocations et de dépenses ? La moindre chose qu'on puisse lui offrir, c'est la sécurité pour l'avenir. » Et voilà, en effet, toute la pensée du cabinet de Vienne, pensée conforme d'ailleurs à cet axiome autrichien : que c'est au fort qu'il est convenable de donner des garanties contre le faible, et qu'il faut aller au secours non de celui qu'on tue mais de celui qui tue.

Le cabinet de Vienne parle de son administration paternelle, alors que personne n'ignore en Europe qu'en Lombardo-Vénétie les villes et les campagnes sont depuis des années soumises à un véritable état de siége continu. Il parle de son amour de la paix, alors que le pays est inondé de troupes. Déjà, le 28 février, on écrivait à Vienne à la *Gazette de Voss* de Berlin : « Le pied de paix de l'armée autrichienne se change peu à peu en pied de guerre. L'appel des hommes en congé a levé le voile. D'autres mesures encore, les achats de chevaux qui continuent, l'augmentation de l'artillerie dans les corps d'armée de la Lombardie, l'envoi d'officiers du génie, l'armement de Plaisance tendent au même but. On assure qu'un camp de réserve de quarante mille hommes doit être formé en Istrie. » — Et on avait écrit de Milan le 26 février à la *Gazette de Trieste* : « Les préparatifs militaires continuent. Ce matin, de grandes manœuvres ont eu lieu sur la place d'armes et quinze mille hommes ainsi que l'artillerie, ont été approvisionnés pour six mois. Dans la tension actuelle des esprits le commerce est presque nul, tous les étrangers ont quitté la ville. » Dans le même temps la *Gazette de Vienne* annonçait des promotions et nominations significatives telles que celles-ci :

« Le Feld-Maréchal lieutenant baron Guillaume d'Alleman, commandant le dixième corps d'armée, est nommé au commandement de la ville et de la forteresse de Venise. — Le Feld-Maréchal lieutenant Ignace Teiner, commandant le septième corps d'armée, est nommé au commandement de la ville et de la forteresse de Vérone. — Le Feld-Maréchal lieutenant commandant de division baron François de Gorizzuti, est nommé au commandement de la forteresse de Peschiera. — Le Feld-Maréchal lieutenant commandant de division chevalier Antoine de Ruckstuhl est nommé commandant de la forteresse de Ferrare. — Le général-major commandant de brigade Charles Torri de Dornstein est nommé commandant de la forteresse de Legnago. — Le général-major Jean Rohn, chevalier de Rohnau, a été promu au grade de Feld-Maréchal lieutenant et appelé au commandement de la forteresse de Plaisance. »

C'est le cas de rappeler ces paroles que Napoléon adressait à M. de Metternich avant la campagne de 1809 :

« L'Autriche veut nous faire la guerre ou elle veut nous faire peur... Pourquoi vos immenses préparatifs... Ce qui est pour moi l'indice sûr d'une guerre qu'on prépare, vous avez fait acheter des chevaux; vous avez maintenant quatorze mille chevaux d'artillerie... Rien de tout cela n'a pu être fait sans de très-grands frais; et cependant vous-même vous convenez du mauvais état de vos finances... Votre armée a pris une position militaire... Cependant, que prétendez-vous?... Croyez-vous la circonstance favorable pour vous? Vous vous trompez. Ma politique est à découvert, parce qu'elle est loyale et que j'ai le sentiment de mes forces... Vous n'aurez pour vous aucune puissance du continent. L'empereur de Russie, j'oserais presque vous le déclarer en son nom, vous engagera à rester tranquilles; déjà il est peu satisfait de vos relations avec les Serviens... Il sait que vous avez des vues sur la Turquie... Votre ministère ne veut pas la guerre, les hommes distingués de votre monarchie ne la veulent pas; cependant le mouvement que vous avez imprimé est tel, que la guerre aura lieu malgré vous et malgré moi. Lorsque les ressorts seront ainsi tendus, la guerre deviendra désirable pour amener un dénouement. C'est ainsi que, dans le monde physique, l'état de souffrance où est la nature à l'approche d'un orage, fait désirer que l'orage crève pour distendre les fibres crispées et rendre au ciel et à la terre une douce sécurité; un mal vif, mais court, vaut mieux qu'une souffrance prolongée. »

Le 27 février 1859, on écrivait de Vienne au *Mercure de Souabe* : « Il est grand temps que la question actuelle reçoive une solution. L'industrie et le commerce sont dans une situation plus fâcheuse chez nous que si on avait la guerre même. » — Qu'est-ce donc aujourd'hui?

On fit défense aux journaux autrichiens de parler des armements. Mais on ne les poursuivait que davantage. A la mi-mars on lisait, par exemple, dans la *Gazette prussienne* : « Malgré les assurances pacifiques de la France, les armements continuent, et l'irritation contre la Sardaigne est arrivée à un point qui rend de plus en plus difficile une solution diplomatique. L'archevêque d'Agram, cardinal Haulik, a adressé à son clergé une lettre pastorale contre le roi de Piémont, le traitant de « roitelet qui ose empêcher le vol de l'aigle, » et lui prédisant le sort de son père.

Réussir à empêcher une lutte est devenu bien difficile : on s'y prend trop tard. Il en est des États comme des individus. Quand on s'est injurié, souffleté, on est ensuite, qu'on le veuille ou non, forcé de se battre. Il est rare que les amis amènent un arrangement. Il leur faut servir de témoins : il ne leur reste guère qu'à régler les conditions du duel).

La gravité de la situation présente est bien indiquée par les deux faits suivants : « Londres, 9 avril. — Une dépêche adressée de Vienne au *Times* annonce que la crise attendue depuis longtemps est proche. Un nouveau corps de cinquante mille hommes part pour l'Italie. Soixante mille hommes se réunissent sous les murs de Vienne; une armée de réserve de soixante-dix mille hommes s'organise en Bohême et en Moravie. Les réserves de l'armée d'Italie et des autres corps sont appelées sous les drapeaux. »

— Le *Constitutionnel* du même jour cite ces lignes de la *Gazette de Lyon*: « Plusieurs bataillons des régiments de l'armée de Lyon sont envoyés dans différentes villes pour décharger les casernements de l'intérieur de Lyon et faire place aux nouveaux arrivants. On en a même envoyé à Châlons-sur-Saône et à Annonay, deux points éloignés du quartier général ; des troupes d'Afrique nous arrivent munies de l'attirail complet nécessaire à une armée en campagne : mulets, tentes, cacolets, ustensiles de siége. Il a été également prescrit aux officiers qui ont droit à un cheval durant les expéditions, de se le procurer. Il est toujours question de former un camp à Belley ou à Culoz. Le chemin de fer de Genève est entré en pourparlers avec l'administration militaire au sujet de transports à effectuer. »

Comment donc croire à la paix ? Quelques-uns plaident encore pour le *statu quo*, mais ainsi qu'on le fait pour une cause perdue d'avance. On se souvient avec quelle imperturbabilité des politiques industriels prouvaient que la guerre d'Orient était impossible, à la veille même du jour où elle éclata. Aujourd'hui de même : la guerre d'Italie est fatidique. En Autriche on la dit inévitable, en France tout le monde s'y attend. La vérité est que les Autrichiens, en armant comme ils l'ont fait, ont détruit toutes les chances de paix. Eux-mêmes, maintenant, s'ils le voulaient, ne pourraient plus prévenir la guerre. En face des préparatifs de l'Autriche, le Piémont a dû armer. Désarmez : nous discuterons ensuite, dit le cabinet de Vienne. Mais pourquoi l'Autriche n'a-t-elle pas voulu discuter avant d'armer, c'est elle qui, la première, a commencé les armements : ce serait à elle à les cesser la première. Et encore à quoi cela servirait-il ? Est-ce que l'Autriche a la moindre bonne volonté de rien accorder pacifiquement ? Tout la pousse à la guerre : la guerre est une de ses ressources financières. C'est son expédient suprême pour nourrir ses soldats, gorger ses généraux, pour combler une partie de son déficit et retarder sa banqueroute. Que lui parle-t-on de folie ? Il n'y a pas de folie que ne tenterait un homme à la veille de faire banqueroute. Après des frais déjà si énormes, il faudrait aujourd'hui, si l'on s'en tenait là, donner plusieurs centaines de millions à l'Autriche et une centaine au Piémont pour qu'ils ne fussent pas ruinés tous deux. Et qui les payerait ? Même alors il resterait toujours comme éléments de guerre : la haine autrichienne, le patriotisme italien et l'honneur français. La guerre est forcée : qu'on la bénisse ou qu'on la maudisse on ne peut déjà plus l'écarter. Cela n'est plus au pouvoir des hommes : on met de la poudre sur le feu et l'on voudrait qu'elle ne partît pas !

L'Autriche est saisie d'un tel aveuglement qu'il la perdra. On en est surpris. Mais c'est le résultat naturel de toutes ses iniquités. L'Autriche a si longtemps trompé et maltraité les autres qu'elle craint des représailles et qu'elle en voit partout. Comment pourrait-elle ajouter foi à la parole des souverains, quand son empereur François écrivait de Presbourg, le 18 septembre 1808, à l'Empereur Napoléon qui se rendait à Erfurth : « Je saisis avec empressement l'occasion qui rapproche Votre Majesté de ma frontière pour lui renouveler le témoignage de l'amitié et de la haute estime que je lui ai vouée... » Et il lui réitérait l'assurance de son inaltérable attachement. Le compilateur allemand Schœll, en citant cette lettre, dit que l'Autriche, n'étant pas prête, devait dissimuler. L'Autriche peut se persuader qu'on ne l'attaquera pas sans déclaration de guerre, elle qui l'a fait si souvent, notamment lors de sa levée de boucliers de 1809. Est-ce que l'Autriche peut voir dans un Congrès autre chose qu'un piége, elle qui n'a provoqué le Congrès de Prague, en 1813, que pour achever de compléter ses moyens d'attaque, et dès qu'elle s'est trouvée en mesure de prendre l'offensive, elle a levé le masque et rompu les réunions.

L'Empereur Napoléon III a fait bien des démarches. Mais déjà en 1809 « toutes les démarches de l'Empereur Napoléon Ier, pour en venir à un accommodement, ne furent considérées par les Autrichiens que comme un aveu de sa faiblesse, et ne servirent qu'à les fortifier dans leurs projets, en leur persuadant qu'ils prendraient la France au dépourvu. » (Colonel Boutourlin.) Et quelle créance ajouter aux dires de l'ambassade autrichienne quand, peu de jours avant que l'archiduc Charles n'ouvrît la campagne de 1809 en se jetant sur la Bavière, l'ambassadeur, M. de Metternich, répondait « que son cabinet était fidèle au vœu d'entretenir les meilleures relations avec la France. » M. de Metternich, en effet, avait ordre de ne pas demander ses passe-ports, si on voulait le laisser tranquillement à Paris, et d'y attendre le commencement des hostilités.

Ce fut surtout à M. de Metternich « à son hypocrisie et à ses faux rapports » comme l'a dit Napoléon, que l'Autriche fut redevable d'être précipitée dans cette grande échauffourée bavaroise qui conduisit en un mois les Français dans Vienne. Il intriguait avec le ministre Fouché qui, sans trahir ouvertement, tenait, dans le cas où l'Empereur succomberait sous le poignard ou le canon, à se parer contre les événements; avec l'ex-ministre Talleyrand qui improuvait la guerre de la Péninsule après l'avoir ardemment conseillée, et travaillait à exaspérer l'opinion :

c'était tout un complot de salons. On fomentait la guerre, et puis l'on accusait Napoléon d'être insatiable de conquêtes. M. de Metternich représentait à sa cour la France comme très-divisée, affaiblie, lasse de guerre, n'aspirant qu'au repos, prête à s'unir à l'ennemi au moindre revers, pour se débarrasser avant tout d'un boute-feu européen. C'est ainsi que souvent des renseignements d'une exactitude peu scrupuleuse ont égaré les cabinets. M. Hübner est un disciple de Metternich. On lisait en effet en octobre 1849 dans la *Gazette de Cologne*, lorsqu'il venait d'être envoyé comme ambassadeur près de la République française : « M. Alexandre Hübner, nouveau ministre d'Autriche en France, est un élève de Pilat, Jarcke et autres familiers de Metternich. Employé à des investigations secrètes, il reçut pour récompense le consulat général à Leipsick où il surveillait la librairie allemande. On doit être singulièrement flatté à l'Élysée d'y voir accrédité un employé de l'ancien régime, un élève de l'école de Metternich, un enfant gâté de la police autrichienne. » Au même moment, le *Wanderer* donnait les détails biographiques suivants : « Le nouveau diplomate autrichien, M. Hübner, n'est pas noble, cela peut être regardé comme une concession envers l'esprit républicain ; jamais l'Autriche n'avait confié une haute charge à un de ses bourgeois. Nous savons fort peu de choses sur son compte, les ténèbres d'avant mars 1848 étant trop épaisses ! Nous savons seulement qu'il ne connait pas tout à fait la langue française, ce qui lui sera peut-être utile selon le grand dicton de Talleyrand : la parole est donnée à l'homme pour cacher sa pensée. A Milan, en 1837, il publia une description poétique du couronnement de l'empereur précédent. En 1846 il vint en France pour faire représenter dans un journal parisien l'occupation de Cracovie sous un aspect moins sinistre. En Italie, il devint prisonnier du gouvernement provisoire des Milanais en 1848. Il ne fut délivré que par la bataille de Custozza. » Il est concevable que M. Hübner, dans l'examen des présentes affaires italiennes, se soit laissé impressionner par le souvenir de ses mésaventures personnelles. Ce qui est évident, c'est que l'Autriche a été complétement induite en erreur sur les forces de la France et sur les dispositions réelles des esprits.

Rien ne prouve mieux la vérité des considérations qui précèdent, que l'article suivant du journal officiel autrichien que nous recevons à l'instant où nous écrivons ces lignes :

« Il y aura cinquante ans dans quelques jours que l'Autriche a entrepris sa quatrième guerre contre la France depuis l'explosion de la grande révolution française. Les écrivains français l'appellent la guerre de la cinquième coalition. Elle diffère essentiellement des précédentes. Dans celles-là, l'Autriche était le membre principal, la masse armée la plus importante des coalitions qui s'étaient formées contre la France; mais, dans la guerre de 1809, elle combattit seule la redoutable coalition qu'avait créée contre elle la parole puissante du maître de la France, le plus grand capitaine de son temps. L'Autriche ne recula pas devant cette coalition. « La liberté de l'Europe, disait-elle dans sa proclamation, s'est réfugiée sous les étendards de l'Autriche, » et elle leva quatre cent mille combattants, auxquels venait se joindre encore la landwehr organisée, tandis qu'elle ordonnait une levée en masse de tous les hommes capables de porter les armes, de dix-huit à quarante-huit ans. A la tête de deux cent mille hommes divisés en six corps d'armée et deux corps de réserve, l'archiduc Charles entra en Bavière; l'archiduc Jean se porta sur l'Italie avec quatre-vingt mille hommes, et trente-six mille hommes marchèrent contre Varsovie, sous les ordres de l'archiduc Ferdinand. Napoléon, de son côté, s'était mis à la tête d'une armée de deux cent mille hommes, composée pour moitié de troupes allemandes; le vice-roi Eugène commandait soixante-dix mille hommes en Italie; vingt mille Saxons et Polonais étaient réunis à Varsovie et aux environs. Les nombreuses réserves se composaient de Français, de Westphaliens et de Hollandais. Les Russes ne mettaient en campagne que vingt mille hommes. Cette guerre, quoique malheureuse, fut glorieuse pour l'Autriche, et elle prépara les grands événements qui se terminèrent par les traités de 1815. Ce fut alors que le monde apprit avec non moins de joie, que d'étonnement que Napoléon pouvait être battu. C'est à un général allemand, à un Habsbourg, à l'archiduc Charles, que reste acquise la gloire impérissable d'avoir vaincu le premier cet homme invincible. Pendant cette guerre on put constater, d'une manière plus éclatante que jamais, l'attachement et la fidélité des Autrichiens pour la famille de leurs souverains, et leurs sentiments unanimes de patriotisme. Nous devons rappeler ces brillants épisodes de notre histoire, aujourd'hui que toutes les nouvelles les plus positives s'accordent à dire que Louis-Napoléon aura mis sur pied, d'ici au 1er juin, six cent mille hommes, dont cent cinquante mille sont destinés à former l'armée d'Italie, et le reste à parer à toutes les éventualités qui pourraient se produire. »

(Gazette de Vienne, 9 avril.)

Ainsi l'Autriche va elle-même au devant du rapprochement des années 1809 et 1859. Elle accepte le présage d'une défaite prochaine. Elle se résigne à être battue cette fois, dans l'espoir que la France s'affaiblira par ses victoires mêmes, éveillera la jalousie des peuples et la méfiance des gouvernements, dans la pensée de mûrir la contre-révolution et de pouvoir nouer des coalitions nouvelles. Mais il lui faudrait survivre à sa défaite, il lui faudrait tromper assez la France pour en obtenir derechef la folie d'un pardon qui lui laissât les moyens de revenir frapper à la fin celle qui l'aurait épargnée. La France est du moins avertie.

Nous relèverons en passant ce grossier mensonge historique sur la prétendue victoire de l'archiduc Charles, à Essling, car c'est une calomnie de cette journée fameuse où l'armée française fut si brave, où le maréchal Lannes, duc de Montebello, trouva une mort glorieuse, où le maréchal Masséna, duc de Rivoli, conquit son titre de prince d'Essling. Le dixième bulletin de la Grande-Armée (23 mai 1809) portait : « L'ennemi était dans la plus épouvantable déroute, lorsqu'il apprit que nos ponts étaient rompus...

Tous ses canons et ses équipages d'artillerie qui étaient en retraite se représentèrent sur la ligne, mais ses efforts tournèrent à sa honte. Le soir, l'ennemi reprit les anciennes positions qu'il avait quittées pour l'attaque, et nous restâmes maîtres du champ de bataille. Sa perte est immense. » Napoléon ajoutait dans une note à Sainte-Hélène : « Dieu veuille que les ennemis de la France adoptent toujours une manœuvre aussi habile... Sans la rupture du pont, qui obligea Napoléon à contremander le mouvement et à se tenir sur la défensive, l'armée autrichienne aurait été coupée : moitié aurait été jetée en Hongrie, moitié en Bohême... Ce ne fut pas le prince Charles qui coupa nos ponts, ce fut le Danube qui, en trois jours, haussa de quatorze pieds... Pendant six heures cent mille Autrichiens et cinq cents pièces de canon attaquèrent vainement et sans succès cinquante mille Français, n'ayant que cent pièces de canon en position, et obligés de ménager leur feu parce qu'ils manquaient de munitions. Le succès de la bataille était dans la possession du village d'Essling... A trois heures après-midi, l'Empereur ordonna au général Rapp et au courageux comte de Lobau, ses aides de camp, de se mettre à la tête de la jeune garde, de déboucher par trois colonnes et de tomber au pas de charge sur les réserves de l'ennemi... Elles furent mises en déroute et la victoire fut décidée ; l'archiduc n'avait plus de troupes fraîches, il prit position : le feu cessa à quatre heures précises ; dans cette saison on peut se battre jusqu'à dix heures... Telle est la bataille d'Essling (22 mai)... Le vice-roi gagna la victoire de Raab sur l'archiduc Jean (14 juin). L'Empereur déboucha de l'île de Lobau et remporta la mémorable victoire de Wagram, en juillet. »

« La France est plus forte aujourd'hui qu'elle ne l'était en 1809, car elle n'est ni fatiguée par de longues luttes révolutionnaires, ni épuisée par de longues guerres ; elle n'a point de troupes engagées en Espagne et en Portugal, ni elle n'a à se préoccuper de l'Angleterre : toutes ses forces sont disponibles, et jamais elles n'ont été plus grandes. L'Autriche était à peu près isolée, elle l'est bien davantage. Les tories mêmes d'Angleterre n'oseront se prononcer pour elle. La Prusse ne voudra point attirer la guerre sur le Rhin. Et la Russie n'a pas oublié la conduite de l'Autriche, si bien caractérisée par le prince de Schwarzenberg, qui, au moment même où les Russes venaient de vaincre les Hongrois pour elle, disait : « L'Autriche étonnera le monde par la grandeur de son ingratitude. » L'Autriche ne peut plus dire qu'elle prend les armes pour délivrer les Espagnols, les Italiens, les Allemands, de la domination ou du protectorat de la France. Qu'a-t-elle fait pour les divers peuples qu'elle avait appelés au nom de la liberté de 1809 à 1813?

Elle en entraîna plusieurs, elle les a tous trompés, puis persécutés et mitraillés. Et elle ose encore rappeler cette époque et prononcer le nom de liberté ! Comment s'adresser aux Polonais à qui elle promit, en 1815, de leur rendre des institutions nationales et à qui elle donna, en 1846, les massacres de Gallicie ? Aux Hongrois qui, après avoir plusieurs fois sauvé la monarchie, se sont vus écraser par elle et enlever leur autonomie, et dont le nouveau régime a été inauguré par les pendaisons d'Arad? Aux Italiens, qui, après avoir été torturés plus de quarante ans par elle, n'ont aujourd'hui qu'une seule pensée : se délivrer de son oppression; qu'un seul cri : Dehors les Autrichiens! et dont les généraux et ministres, s'ils n'étaient victorieux, ont la perspective du sort du comte Louis Batthyani, premier ministre de Hongrie, et des généraux hongrois Aulich, Leiningen et Veczey. L'Autriche, il y a dix ans, s'est surtout appuyée sur les Bohèmes, les Croates, les Transylvains et les Allemands. Mais aujourd'hui la Bohème n'a sans doute pas perdu le souvenir du bombardement de Prague par Windiszgraetz. La Croatie, après avoir été lancée contre la Hongrie, n'a rien obtenu pour elle-même. Les

Transylvains ont vu ce que les Roumains avaient à attendre des Autrichiens. Quant aux Allemands, tout homme de cœur doit voir et comprendre que l'Autriche enraye tout progrès en Allemagne.

Nous ne nous attendions pas, en vérité, à voir l'Autriche invoquer encore la liberté et parler de patriotisme : C'est une hypocrisie révoltante. Mais si demain l'Autriche apprenait que le roi Victor-Emmanuel a confié des corps d'armée aux héros de la guerre de Hongrie, à Dembinski, à Klaka, elle baisserait vite de ton, on verrait ce que signifie le patriotisme de son armée et quel est l'attachement que les populations ont pour elle. L'Autriche n'étant composée que de nations opprimées, pour peu que les soldats aperçussent un moyen de relever leurs patries respectives, il est douteux qu'ils servissent au gouvernement autrichien d'instrument pour remettre l'une d'elles sous le joug.

Pense-t-elle qu'elle pourrait lutter sur le terrain de la nationalité avec la France, que les peuples hésiteraient un instant entre les deux drapeaux, et que toutes les déclamations du monde parviendraient à les empêcher de distinguer sous lequel des deux drapeaux de France ou d'Autriche ils travailleraient le mieux à l'avenir de leur patrie. L'attachement des Polonais pour la France n'a pas diminué et celui des Italiens a augmenté. Croit-on que si Napoléon III adressait aux Hongrois le même appel que Napoléon Iᵉʳ leur fit en mai 1809 : « Hongrois, le moment est venu de recouvrer votre indépendance... Votre union avec l'Autriche a fait votre malheur... Vos intérêts les plus chers ont été constamment sacrifiés à ceux de ses États héréditaires... Reprenez donc votre existence comme nation ! Ayez un roi de votre choix, » croit-on qu'ils ne répondraient pas à son appel ? Si Napoléon Iᵉʳ regrettait de n'avoir pas rendu son indépendance à la Bohême lorsqu'un archiduc en sollicitait de lui la couronne, ce sont de ces regrets que Napoléon III pourrait aisément s'épargner. Il aurait encore plus de facilités que l'Empereur son oncle à détacher les Provinces Illyriennes de la maison d'Autriche. Les Roumains de Transylvanie sont reconnaissants de ce que Napoléon III a élevé la voix en faveur de leurs frères de Moldavie et de Valachie. Pour les parties allemandes de l'empire d'Autriche, il est présumable que la Prusse, la Bavière ou la Saxe consentiraient assez volontiers à s'arrondir de l'archiduché d'Autriche. Ceux qui connaissent le manque de cohésion des divers fragments de peuples dont est formé l'empire d'Autriche, savent combien de tels changements seraient faciles. Ils sont dans la nature et dans la force des choses.

L'Empereur Napoléon III, que l'Autriche accuse d'être l'instigateur du grand mouvement qui se produit contre elle, n'en est que le modérateur. « Qui ne voit, écrivait dernièrement M. de Haugwitz, que le jour où la révolution depuis dix ans comprimée ou pour mieux dire dirigée par la main de l'Empereur Napoléon III viendrait, par un de ces événements qui sont dans la main de Dieu, à se déchaîner en France, l'Autriche ne survivrait pas à ce bouleversement? A-t-on oublié 48 ? Ne veut-on pas se souvenir que cette révolution mort-née, dirigée par des chefs maladroits ou anti-révolutionnaires, qui refusa de reconnaître ou de soutenir nulle part l'effort des nationalités, produisit cependant dans le monde un tel ébranlement, que l'un de ses plus vastes empires faillit être englouti sous ses ruines ? Croit-on qu'il résisterait aujourd'hui à une coalition de nations, éclairées par l'insuccès même d'une première tentation et plus riches de ces trésors de courage qu'accumulent dix années de haine et de souffrance. » (*Le Nord*, 4 mars 1859).

Il n'y a plus, en effet, en France, en dehors de l'Empire, de possible que la République. Conçoit-on une Restaura-

térêt de quelques-uns, et de chance que l'invasion étran-
gère. Il est vrai que cela serait admirablement les affaires
de l'Autriche, que la France fût soumise de nouveau au régime « de l'abaissement continu; » mais si c'est là-dessus
qu'elle spécule pour s'embarquer dans une guerre contre
la France, elle court grand risque de sombrer.

L'opuscule de 1809, dont nous avons cité des fragments
importants au commencement de ce travail, se terminait
ainsi : « On ne peut le dissimuler, cette guerre s'annonce
avec les symptômes d'une grande commotion politique...
Un homme doué de quelque sens ne fait point d'entreprise
qu'il n'en calcule les chances; si les succès n'en balancent
point les revers possibles, il y renonce. Est-ce que des
hommes vieillis dans les affaires publiques sont moins
éclairés que des individus dans leurs affaires privées? Si
l'Autriche est vaincue, et tout homme qui réfléchira à l'état
des parties belligérantes, voit que sa défaite est inévitable,
que peut-elle attendre? qu'a-t-elle à réclamer de la générosité du vainqueur? Certain d'une haine implacable, il ne
doit point de ménagements à ceux qui veulent sa ruine, et
la maison de Lorraine a trop bien prouvé que son impuis-
sance seule était pour l'Europe continentale une garantie
suffisante de sa sécurité. Comment donc le cabinet autrichien a-t-il hésité entre des projets ridicules et une destruction certaine? Est-ce un génie malfaisant qui présidait
à ses conseils? Il faut le croire. Les États sont bien près
de leur ruine, quand les souverains écoutent plus les passions de leurs courtisans que l'intérêt de leurs peuples. »

En 1809, c'est la Bavière que les Autrichiens attaquèrent. Ils voyaient, non sans effroi, l'Électeur de Bavière
devenu roi, appuyé sur des institutions constitutionnelles
et sur l'alliance française que rendait plus étroite encore
le mariage de sa fille avec le prince Eugène, fils adoptif de
l'Empereur, acquérir de la prépondérance en Allemagne
sous les auspices de Napoléon. Aujourd'hui, c'est le Pié-

mont qui, par son gouvernement libéral et le mariage d'une princesse de Savoie avec un prince français de la famille impériale, fait la terreur des Autrichiens en Italie.

Comment l'Autriche a-t-elle agi envers la Bavière? Elle l'envahit sans déclaration de guerre. Le premier bulletin de Napoléon portait : « L'armée autrichienne a passé l'Inn le 9 avril. Par là les hostilités ont commencé, et l'Autriche a déclaré une guerre implacable à la France et à ses alliés... L'Empereur apprit par le télégraphe, dans la soirée du 12, le passage de l'Inn par l'armée autrichienne et partit de Paris un instant après. Il arriva le 16 à Dillingen, où il vit le roi de Bavière et lui promit de le ramener en quinze jours dans sa capitale et de venger l'affront fait à sa maison en le faisant plus grand que ne le furent jamais aucuns de ses ancêtres, et il dit aux officiers bavarois que les Autrichiens avaient toujours été leurs ennemis; que c'était à leur indépendance qu'ils en voulaient; que depuis plus de deux cents ans les drapeaux bavarois étaient déployés contre la maison d'Autriche, mais que cette fois il les rendrait si puissants qu'ils suffiraient seuls désormais pour lui résister. » Le 17 avril, il disait dans sa proclamation : « J'arrive avec la rapidité de l'éclair... Nos succès passés nous sont un sûr garant de la victoire qui nous attend... Marchons donc, et qu'à notre aspect l'ennemi reconnaisse son vainqueur... » Ce fut, en effet, une semaine de victoires. Le 24 avril, il donnait cet ordre du jour : « Soldats! En peu de jours nous avons triomphé dans les trois batailles de Tann, d'Abensberg et d'Eckmühl, et dans les combats de Peissing, Landshut et Ratisbonne... L'ennemi paraissait ne plus conserver aucun souvenir de vous; son réveil a été prompt; vous lui avez apparu plus terribles que jamais. Naguère il a traversé l'Inn et envahi le territoire de nos alliés; naguère il se promettait de porter la guerre au sein de notre patrie. Aujourd'hui, défait, épouvanté, il fuit en désordre; déjà mon avant-garde a passé l'Inn; avant un mois, nous serons à Vienne. » Il y était trois semaines après.

La forfanterie des Autrichiens avait été très-grande. Elle s'était manifestée par des phrases comme celle-ci: « Pour Dieu et l'empereur François il n'y a rien d'impossible! » (Proclamation du comte de Wallis.) Mais ils n'ont pas tardé à paraître ce qu'ils étaient réellement. « L'empereur d'Autriche, a dit Napoléon, avait quitté Vienne et signé, en partant, une proclamation rédigée par Gentz, dans le style et l'esprit des plus sots libelles. » Aussitôt après la bataille d'Eckmühl, il n'en autorisait pas moins son frère, l'archiduc Charles, à écrire à Napoléon : « Sire, Votre Majesté m'a annoncé son arrivée par un tonnerre d'artillerie, sans me laisser le temps de la complimenter, etc. » Ce qui fit dire à Napoléon, dans une lettre au maréchal Davoust : « Ces gens-là sont aussi vils dans l'adversité qu'arrogants et hauts à la moindre lueur de prospérité. » (1ᵉʳ Mai). Huit jours après, lors de l'attaque de Vienne, l'archiduc Maximilien, gouverneur de la ville, « se sauva sans faire aucune disposition et sans donner à personne le commandement qu'il abandonnait; c'était cependant le même homme qui, une heure auparavant, protestait de s'ensevelir sous les ruines de la capitale. » (8ᵉ Bulletin.) Bientôt survint Wagram (6 juillet.) « A présent que la monarchie autrichienne est sans espérance, ce serait mal connaître le caractère de ceux qui l'ont gouvernée, disait le vingt-sixième bulletin, que de ne pas s'attendre qu'ils s'humilieront comme ils le firent après la bataille d'Austerlitz. A cette époque, ils étaient comme aujourd'hui, sans espoir, et ils épuisèrent les protestations et les serments. »

Trois mois après Wagram, Napoléon consentait au traité de Schœnbrunn (14 octobre). L'Autriche était dans ce moment à sa discrétion complète; car l'armée polonaise, victorieuse avec Poniatowski, marchait sur la Bohême, tandis que l'armée d'Italie était au cœur de la Hongrie et lui-même à Vienne. Il savait ce que valent les serments de l'Autriche. Il avait dit à ses soldats en ouvrant la campagne : « Vainqueurs dans trois guerres, l'Autriche a dû tout à notre générosité ; trois fois elle a été parjure ! ! ! » Pourtant il fit une quatrième fois grâce à l'Autriche ; et ce pardon l'a perdu ; il se le reprochait à Sainte-Hélène. Napoléon triomphant se laissa aller à céder aux criailleries aveugles des Allemands qui ne voulaient pas comprendre qu'il n'y avait pour eux ni liberté, ni unité nationale possibles tant qu'il y aurait une Autriche ; et aussi à certains désirs de paix qu'on manifestait à Paris, sans vouloir comprendre que le seul moyen d'avoir une paix définitive c'est d'en finir avec l'Autriche. Si, en 1809, Napoléon eût détruit l'empire d'Autriche, et il avoua que rien n'eût été plus facile, si, en écrasant ceux qui, en France, avaient l'indignité de faire des vœux pour elle, il eût étouffé dès lors les premiers germes de trahison, il n'y aurait jamais eu de Restauration. L'Autriche n'aurait pas eu à se réjouir de 1815.

Les enseignements des premières années de ce siècle ne sauraient être perdus pour la génération présente, surtout pour celui à qui la Providence a confié la grande mission de développer le bien qu'a fait Napoléon, de réparer ses fautes, d'achever son œuvre européenne, et qui y semble prédestiné par l'influence de l'étoile sous laquelle il est né. « Le soleil de cent victoires a éclairé notre berceau. Vous qui êtes nés comme moi au bruit du canon de Wagram, souvenez-vous que vous êtes les enfants des soldats de la Grande-Armée, » a-t-il dit lui-même, lorsqu'en 1830 il appelait le peuple et l'armée « à renverser un gouvernement qui faisait tout pour complaire à la Sainte-Alliance, qui, pour lui obéir, avait abandonné les peuples, nos alliés. » Louis-Napoléon est né le 20 avril 1808, à l'anniversaire du jour où la France, répondant au défi de l'Autriche, lui avait, en 1792, déclaré cette guerre qui, tout en conso-

lidant chez nous les principes de notre grande Révolution,
les sema dans le monde.

Ce qu'il y a de particulier, c'est que l'Autriche court
elle-même à sa perte. Depuis de longues années on lui
demande des concessions : elle n'en a jamais voulu faire :
les grandes puissances l'en prient aujourd'hui et elle s'y
refuse. Le gouvernement français voudrait, si la guerre
éclate, la localiser en Italie; l'Autriche tend à l'universa-
liser, posant elle-même ce dilemme qu'il faut ou lui laisser
carte blanche en Europe, ce qui est impossible, ou consom-
mer sa ruine, ce qui paraît inévitable.

Récemment la *Gazette autrichienne* imprimait ces lignes :
« Une attaque dirigée d'abord contre les provinces italiennes
de l'Autriche, s'étendrait bientôt aux territoires de la Confédération allemande. L'Autriche, par exemple, ne se
gênerait pas, le cas échéant, d'opérer (contre la France),
du côté du Tyrol, et provoquerait certainement une opéra-
tion contraire (de la part de la France), dont l'objet serait
le territoire allemand. »

La France aujourd'hui est assez forte pour gagner à la
fois, s'il le faut, un Marengo et un Wagram. Mais elle n'est
pas obligée de recommencer la faute d'un traité de Schœnbrunn.

20 Avril 1859.